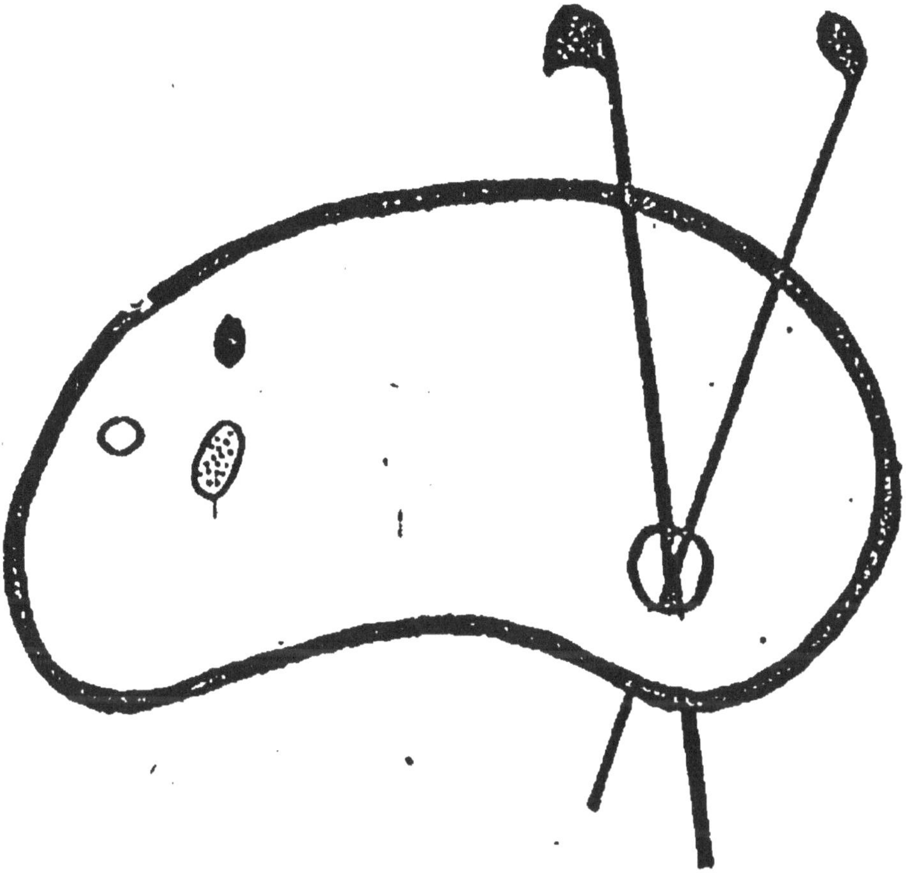

DEBUT D'UNE SERIE DE DOCUMENTS
EN COULEUR

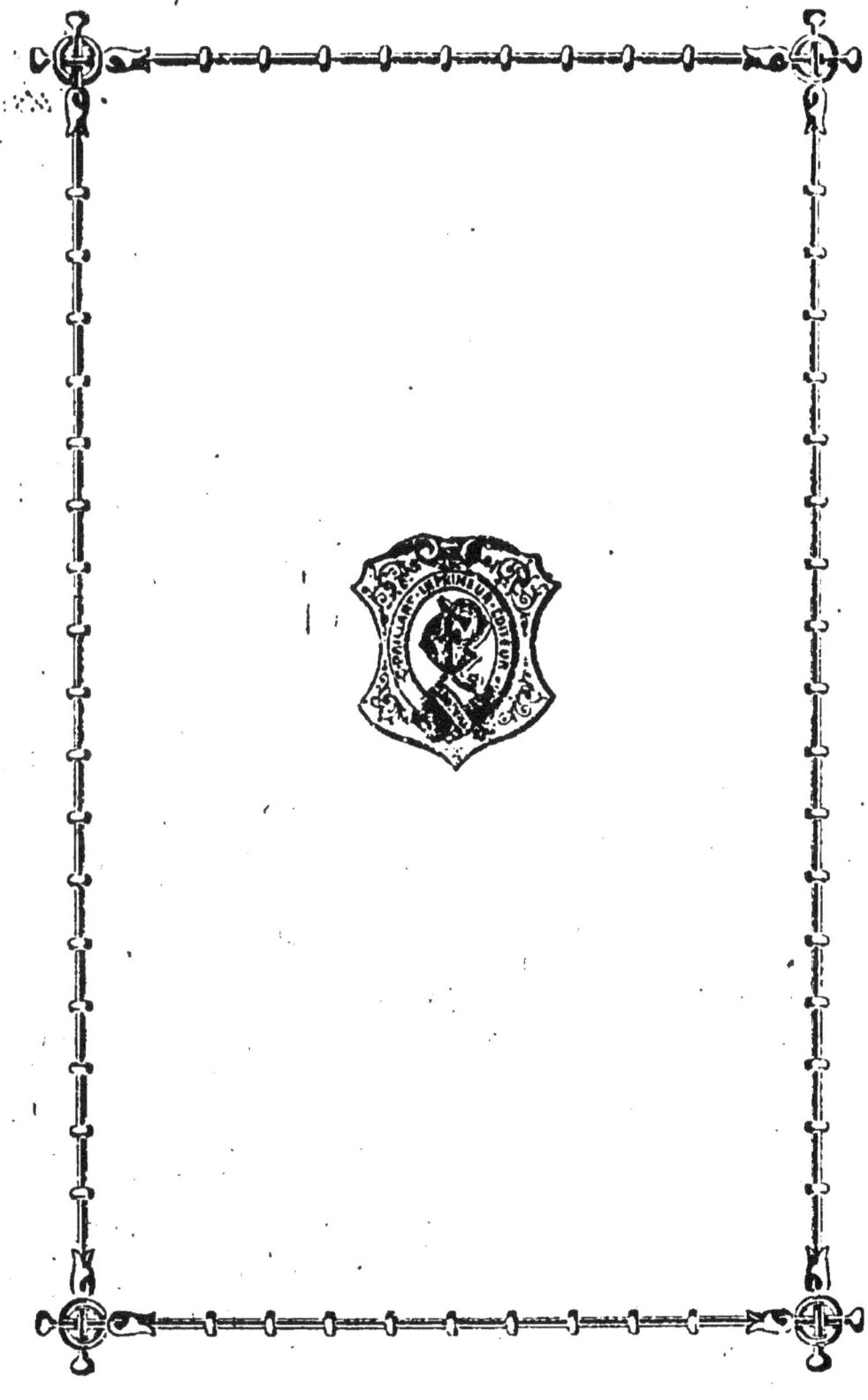

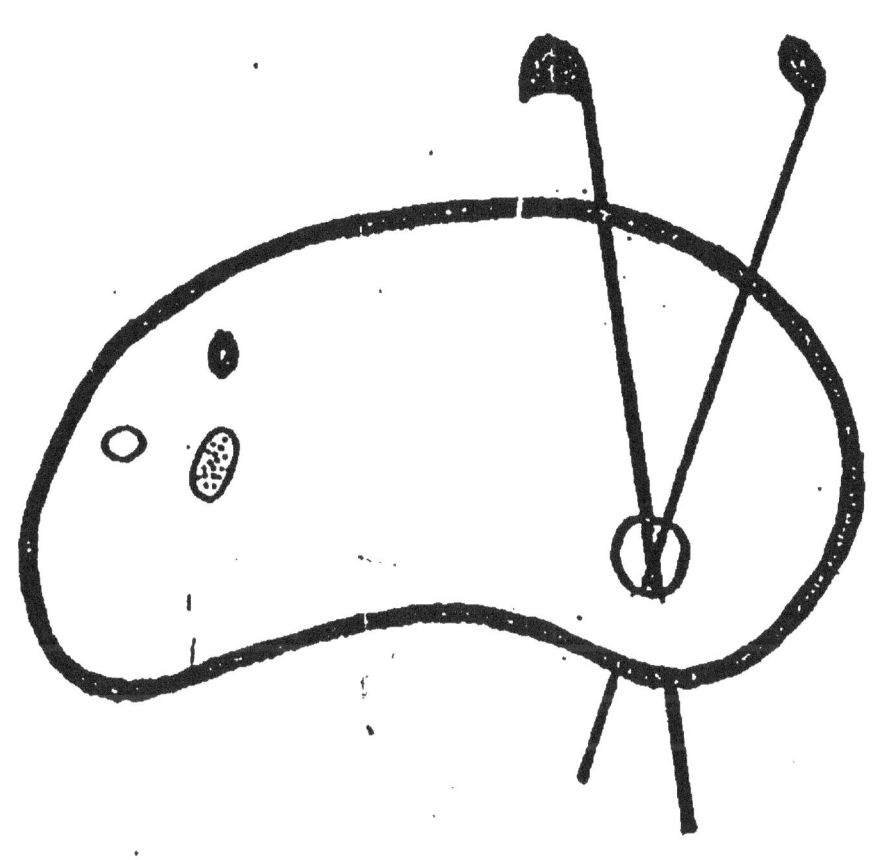

FIN D'UNE SERIE DE DOCUMENTS
EN COULEUR

Des Médailles en argent, en aluminium, en cuivre, etc., ont été frappées à l'effigie de Sainte-Anne de Martel.

SAINTE-ANNE DE MARTEL

Il existe, au nord de l'ancien Quercy, non loin du célèbre sanctuaire de Notre-Dame de Rocamadour, une petite ville du nom de Martel, dont la fondation remonte à la première moitié du VIIIe siècle.

Il paraît certain que Charles Martel, revenant de combattre les Sarrazins, fit bâtir en ce lieu une église qu'il plaça sous le vocable de saint Maur.

Ce qui fait surtout la gloire de cette localité, au point de vue chrétien, c'est qu'elle sut toujours se préserver de l'hérésie pendant que tout le pays environnant s'en trouvait infesté.

Comment le culte de sainte Anne y a-t-il pris naissance ? C'est une de ces éclosions mystérieuses qui ne frappent l'esprit et n'émeuvent le cœur qu'au moment d'en recueillir les fruits.

A l'origine, nous trouvons une simple image pieusement honorée.

Les enfants furent les premiers à la vénérer.

Ce fut un essaim de petites filles, qui se firent les angéliques apôtres de la dévotion naissante : bientôt leurs mères vinrent se joindre à elles.

Des grâces obtenues, des guérisons étonnantes, des marques évidentes de secours dans des circonstances difficiles firent connaître le maternel patronage de sainte Anne et lui amenèrent bien vite de nouveaux et nombreux clients.

Au petit oratoire succéda une élégante chapelle, un vrai bijou, encadrée de plantes grimpantes, ornée de vitraux d'un goût parfait, digne en un mot de notre Sainte.

Martel, dans sa reconnaissance, se mit à regarder sainte Anne comme sa gardienne. Les habitants professent pour leur nouvelle patronne le culte le plus filial : un grand nombre d'enfants reçoivent au baptême son nom gracieux.

C'est au mois de juillet qu'éclate la dévotion des fidèles. Tous les soirs ont lieu les exercices du mois de sainte Anne. Le dimanche, ils sont suivis de la bénédiction du Très-Saint-Sacrement, ainsi que pendant l'octave de la fête qui se célèbre en grande pompe, coïncidant du reste avec la sympathique solennité de l'Adoration perpétuelle. Un des jours du mois on voit arriver tous les petits enfants, portés ou conduits par les mères : une messe se dit à leur intention et ils reçoivent une bénédiction particulière.

A l'ombre du toit béni et protecteur de la chapelle, s'abrite une maison d'éducation où grandissent des jeunes filles maternellement élevées par les religieuses de Gramat, dans la pratique de la religion la mieux entendue et dans l'acquisition des connaissances intellectuelles les plus développées.

Une Confrérie des épouses et mères chrétiennes a son siège dans le sanctuaire. Les membres de l'association s'y réunissent une fois par mois, aux fêtes de l'œuvre, pour assister à la messe, entendre une instruction et recevoir la bénédiction du Saint-Sacrement.

Ce n'est pas tout. Une Confrérie de Sainte-Anne y a été, en 1889, érigée canoniquement par Mgr l'Evêque de Cahors pour tous les fidèles du diocèse. Elle est affiliée à l'Archiconfrérie de Sainte-Anne d'Auray. Déjà un très grand nombre de chrétiens se sont empressés de se faire inscrire pour participer aux diverses indulgences accordées.

Ceux à qui il n'est pas donné de voir Apt et Auray peuvent se dédommager un peu en visitant Sainte-Anne de Martel.

Rien de frais comme cette charmante chapelle qui s'élève au milieu d'un vaste jardin. Les murs du sanctuaire sont tapissés de plantes qui le couvrent entièrement : c'est le lierre à la feuille toujours verte, c'est la vigne symbolique, c'est le jasmin et le rosier au suave parfum.

A peine entrée dans la chapelle, l'âme chrétienne est saisie par le recueillement, la piété qu'inspirent les décorations simples et riches, l'ordre symétrique des nombreux ex-voto, l'harmonie douce des détails.

Le regard se dirige vers l'image de sainte Anne, dominant le maître-autel. Cette statue est unique dans sa disposition. Elle a été moulée spécialement et seule d'après les indications reçues. La glorieuse aïeule du Sauveur, debout, presse auprès d'elle son cher trésor : la Vierge immaculée qu'elle instruit. La céleste enfant a le doigt arrêté sur ce précepte du Seigneur : honorez votre père et votre mère.

Une indulgence de quarante jours est accordée aux fidèles chaque fois qu'ils vénèrent cette statue ; l'autel est privilégié. Une indulgence de quarante jours est encore accordée aux fidèles chaque fois qu'ils prient devant la relique de sainte Anne, due au crédit et à la bienveillance du cardinal Desprez.

Prières en l'honneur de Sainte Anne

Litanies de Sainte Anne.

Kyrie, eleison.
Christe, eleison.
Kyrie, eleison.
Christe, audi nos.
Christe, exaudi nos.
Pater de cœlis Deus, miserere nobis.
Fili Redemptor mundi Deus, miserere nobis.

Spiritus Sancte Deus, miserere nobis.
Sancta Trinitas unus Deus, miserere nobis.
Sancta Anna, ora pro nobis.
Sancta Anna, avia Christi,
Sancta Anna, mater Mariæ Virginis,
Sancta Anna, sponsa Joachim,
Sancta Anna, socrus Joseph,
Sancta Anna, arca Noë,
Sancta Anna, arca fœderis Domini,
Sancta Anna, mons Oreb,
Sancta Anna, radix Jesse,
Sancta Anna, arbor bona,
Sancta Anna, vitis fructifera,
Sancta Anna, regali ex progenie orta,
Sancta Anna, lætitia Angelorum,
Sancta Anna, proles Patriarcharum,
Sancta Anna, oraculum Prophetarum,
Sancta Anna, gloria Sacerdotum et Levitarum,
Sancta Anna, gloria Sanctorum et Sanctarum,
Sancta Anna, nubes rorida,
Sancta Anna, nubes candida,
Sancta Anna, nubes clara,
Sancta Anna, vas plenum gratiæ,
Sancta Anna, speculum obedientiæ,
Sancta Anna, speculum patientiæ,
Sancta Anna, speculum misericordiæ,
Sancta Anna, speculum devotionis,
Sancta Anna, propugnaculum Ecclesiæ,
Sancta Anna, refugium peccatorum,
Sancta Anna, auxilium christianorum,
Sancta Anna, liberatio captivorum,
Sancta Anna, solatium conjugatorum,
Sancta Anna, mater viduarum,
Sancta Anna, matrona virginum,
Sancta Anna, portus salutis navigatorum,
Sancta Anna, via peregrinorum,
Sancta Anna, medicina infirmorum,
Sancta Anna, sanitas languentium,
Sancta Anna, lumen cæcorum,
Sancta Anna, lingua mutorum,

Ora pro nobis.

Sancta Anna, auris surdorum, ora pro nobis.
Sancta Anna, consolatrix afflictorum, ora pro nobis.
Sancta Anna, auxiliatrix omnium ad te clamantium, intercede pro nobis.

℣. Ora pro nobis, beata Anna,
℟. Quæ matrem Dei immaculatam peperisti.

OREMUS

Deus qui beatæ Annæ gratiam conferre dignatus es, ut Genitricis Unigeniti Filii tui Mater effici mereretur ! concede propitius ; ut cujus commemorationem recolimus, ejus apud te patrociniis adjuvemur. Per Christum Dominum nostrum Amen.

Litanies de Sainte Anne.

(Monseigneur l'Evêque de Cahors accorde 40 jours d'Indulgence à toutes les personnes qui réciteront ces litanies, et toutes les fois qu'on les récitera.)

Seigneur, ayez pitié de nous.
Jésus-Christ, ayez pitié de nous.
Seigneur, ayez pitié de nous.
Jésus-Christ, écoutez-nous.
Jésus-Christ, exaucez-nous.
Père céleste qui êtes Dieu, ayez pitié de nous.
Fils Rédempteur du monde, qui êtes Dieu, ayez pitié de nous.
Saint-Esprit, qui êtes Dieu, ayez pitié de nous.
Sainte Trinité, qui êtes un seul Dieu, ayez pitié de nous.
Sainte Anne, priez pour nous.
Sainte Anne, aïeule de Jésus-Christ,
Sainte Anne, mère de Marie toujours vierge,
Sainte Anne, épouse de Joachim,
Sainte Anne, belle-mère de Joseph,
Sainte Anne, arche de Noé,
Sainte Anne, arche de l'alliance du Seigneur,
Sainte Anne, mont d'Oreb,
Sainte Anne, racine de Jessé,
Sainte Anne, arbre fécond,
Sainte Anne, vigne fructifiante,

Priez pour nous.

Sainte Anne, issue de race royale,
Sainte Anne, la joie des anges,
Sainte Anne, fille des patriarches,
Sainte Anne, oracle des prophètes,
Sainte Anne, gloire des saints et des saintes,
Sainte Anne, gloire des prêtres et des lévites,
Sainte Anne, nuée pleine de rosée,
Sainte Anne, nuée resplendissante,
Sainte Anne, nuée lumineuse,
Sainte Anne, vase rempli de grâces,
Sainte Anne, miroir d'obéissance,
Sainte Anne, miroir de miséricorde,
Sainte Anne, miroir de dévotion,
Sainte Anne, rempart de l'Eglise,
Sainte Anne, refuge des pécheurs,
Sainte Anne, assistance des chrétiens,
Sainte Anne, délivrance des captifs,

Priez pour nous.

Sainte Anne, consolatrice des personnes mariées,
Sainte Anne, mère des veuves,
Sainte Anne, protectrice des vierges,
Sainte Anne, port de ceux qui sont sur la mer,
Sainte Anne, chemin des voyageurs,
Sainte Anne, santé des malades,
Sainte Anne, guérison de ceux qui sont dans la langueur,
Sainte Anne, lumière des aveugles,
Sainte Anne, langue des muets,
Sainte Anne, oreille des sourds,
Sainte Anne, consolation des affligés,
Sainte Anne, l'aide de tous ceux qui ont recours à vous, intercédez pour nous.

Priez pour nous.

℣. Priez pour nous, bienheureuse sainte Anne,
℟. Vous qui avez enfanté l'immaculée Mère de Dieu.

ORAISON

O Dieu, qui avez fait à sainte Anne la grâce d'être la mère de celle qui a enfanté votre Fils unique, daignez nous assister par son intercession dans cette fête que nous célébrons en son honneur, par Jésus-Christ Notre-Seigneur. Ainsi soit-il.

Prière en l'honneur de la Sainte Vierge et de Sainte Anne.

Je vous salue, pleine de grâce ; le Seigneur est avec vous, que votre grâce soit avec moi ; vous êtes bénie entre toutes les femmes ; bénie soit sainte Anne, votre mère, dont vous êtes née sans tache et sans péché, ô Marie ; et de vous est né Jésus-Christ, fils du Dieu vivant. Ainsi soit-il.

(Prière de sainte Gertrude.)

(Indulgence de 100 jours chaque fois qu'on récite cette prière. Pie VII, 10 janvier 1815.)

Prière en l'honneur de Sainte Anne.

O glorieuse sainte Anne, bénie entre les mères, qui avez eu pour fille, à vous très obéissante, la Mère même de Dieu, j'admire la sublimité de votre vocation et les grâces dont le Très-Haut vous a enrichie.

Je m'unis à Marie toujours vierge, pour vous honorer, vous aimer et me placer sous votre protection. Je consacre à Jésus, à Marie et à vous toute ma vie, comme l'humble tribut de ma dévotion. Obtenez-moi de la passer saintement, pour me rendre digne du Paradis. Ainsi soit-il.

(Indulgence de 50 jours une fois le jour. Pie IX, bref du 4 juin 1869.)

AUTRE PRIÈRE

O bienheureuse sainte Anne, me voici prosterné devant vous, le cœur plein de la plus sincère et plus filiale vénération. Vous êtes cette créature privilégiée et spécialement chérie qui, par vos vertus extraordinaires et votre sainteté, avez mérité de Dieu l'insigne faveur de donner le jour à la trésorière de toutes les grâces, à la femme bénie entre toutes les femmes, à la mère du Verbe incarné, la très Sainte Vierge Marie.

En considérations de si sublimes privilèges, daignez, je vous en prie, ô très douce Sainte, me recevoir au nombre de vos véritables serviteurs, auxquels j'appartiens et veux appartenir tous les jours de ma vie. Entourez-moi de votre efficace protection, et obtenez-moi de Dieu l'imitation des vertus dont vous avez été si littéralement ornée. Obtenez-moi la grâce de connaître mes péchés et d'en concevoir une sincère douleur, d'aimer ardemment Jésus et Marie, et de remplir avec fidélité et persévérance mes devoirs d'état. Délivrez-moi de tous les dangers dans la vie et assistez-moi à l'heure de ma mort, afin que je sois sauvé, et qu'arrivé au ciel, je puisse avec vous, ô très heureuse mère, louer et bénir le Verbe divin qui s'est fait homme dans le sein de votre fille très pure la Vierge Marie. Ainsi soit-il. (On ajoute trois fois le *Pater*, l'*Ave* et le *Gloria*.)

(300 jours d'indulgence une fois le jour quand on récite la susdite prière avec les *Pater*, *Ave*... etc. Léon XIII, 20 mars 1886.)

Prière très efficace à Sainte Anne.

Souvenez-vous, ô sainte Anne, vous dont le nom signifie *grâce* et *miséricorde*, qu'il est inouï qu'aucun de ceux qui ont eu recours à votre puissante protection, imploré votre secours et demandé vos suffrages ait été abandonné. Animé d'une confiance sans borne et me souvenant que vous avez déclaré un jour à un de vos fidèles serviteurs, que tous *les trésors du ciel sont dans vos mains*, j'ai recours à vous, ô sainte épouse de Joachim, notre bonne et tendre mère, je me réfugie à vos pieds, et tout pécheur que je suis, j'ose paraître devant vous en gémissant ; ne méprisez pas mes humbles prières, ô mère de l'Immaculée Conception et glorieuse aïeule de Jésus-Christ Notre Seigneur, mais écoutez-les favorablement et daignez les exaucer en intercédant pour nous auprès de Jésus et de Marie, vos enfants incomparables. Ainsi soit-il.

Aimable patronne, Mère compatissante, ô sainte Anne, montrez-nous votre pouvoir sur les Sacrés Cœurs de Jésus et de Marie. Ainsi soit-il.

Jésus, Marie, Joseph, Anne et Joachim, secourez-nous maintenant et à l'heure de notre mort. Ainsi soit-il.

Prière à Sainte Anne pour lui recommander quelque affaire.

O glorieuse sainte Anne, pleine de bonté pour tous ceux qui vous invoquent, pleine de compassion pour tous ceux qui souffrent, me trouvant accablé d'inquiétudes et de peines, je me jette à vos pieds, vous suppliant humblement de prendre sous votre conduite l'affaire qui m'occupe. Je vous la recommande instamment, et vous prie de la représenter à votre fille et notre mère, la très Sainte Vierge, et à la Majesté divine de Jésus-Christ, pour m'obtenir une issue favorable. Ne cessez pas d'intercéder, je vous en conjure, que ma demande ne me soit accordée par la divine miséricorde. Obtenez-moi par-dessus tout, glorieuse Sainte, de voir un jour mon Dieu face à face pour le louer, le bénir et l'aimer avec vous, avec Marie et avec tous les élus. Ainsi soit-il.

Prière à Sainte Anne pour obtenir une bonne mort.

O sainte Anne, mère très digne de Marie, aïeule de Jésus, par cet amour et ce tendre respect dont

Jésus et Marie vous honorent, je vous conjure d'intercéder pour moi et de m'obtenir la grâce de vous honorer si parfaitement et de me préparer si saintement à la mort que je puisse entendre ce que Marie, votre Fille, dit un jour à l'un de vos fidèles serviteurs, au moment de son trépas : « *Je suis votre sœur, et, parce que vous avez toujours honoré ma mère, je ferme pour vous les portes de l'enfer.* » O Jésus, ô Marie, écoutez favorablement les prières que sainte Anne adressera pour moi durant ma vie et à ma mort. Ainsi soit-il.

Acte de Consécration à Sainte Anne.

Bienheureuse sainte Anne, vous qui avez donné le jour à la Mère de Dieu, illustre aïeule de notre Sauveur Jésus-Christ, moi, N..., je vous choisis en ce jour pour ma patronne et ma mère, je m'offre et me consacre entièrement à vous, je recommande à votre maternelle sollicitude et à votre sainte garde mon corps et mon âme, les nécessités et les vicissitudes de mon existence, ma vie et ma mort. Je me propose et je prends l'engagement de vous servir, de vous honorer par amour pour Marie, votre Fille très sainte, de défendre et de propager, selon mon pouvoir, votre glorieux patronage. De votre côté, ô ma très douce mère ! ô ma patronne ! daignez me recevoir au nombre de vos serviteurs et de vos fils adoptifs ; daignez m'attacher à vous par les liens de la plus tendre dévotion. Obtenez-moi d'imiter si parfaitement les vertus qui vous ont rendue agréable à Dieu, que je mérite les faveurs de votre Jésus et de Marie, votre Fille. Obtenez-moi une heureuse mort, et qu'à ma dernière heure mon âme reçoive vos consolations. Aidez-moi durant ma vie à mériter par les souffrances, les mérites et les miséricordes de Notre Seigneur Jésus-Christ, une rémission si parfaite de mes péchés, que mon âme, en sortant de son corps, puisse aller aussitôt vous rejoindre dans le repos éternel.

(Jean-Thomas de Saint-Cyrille.)

Autre Consécration à Sainte Anne.

O Mère de la Vierge Marie, bonne sainte Anne, je me mets à vos pieds, avec tous ceux qui me sont chers, avec tous ceux pour lesquels la reconnaissance me fait un devoir de prier.

Bénissez-nous, sainte Anne, et obtenez-nous les joies du Paradis.

Prière à Sainte Anne pour lui recommander un malade.

O vous, sainte Anne, si justement appelée la mère des infirmes, la guérison de ceux qui sont dans la langueur, jetez un regard de bonté sur le malade qui m'intéresse ; adoucissez ses maux ; faites-les lui sanctifier par la patience et par une entière soumission à la divine volonté ; daignez enfin lui rendre la santé et lui obtenir la résolution inébranlable d'honorer Jésus, Marie et vous-même par le fidèle accomplissement de ses devoirs. Mais ce que je vous demande pour lui, miséricordieuse sainte Anne, c'est plutôt le salut de l'âme que celui du corps, bien convaincu que cette vie passagère ne nous est donnée que pour nous en assurer une meilleure et que nous ne pouvons y parvenir sans le secours des grâces de Dieu ; je les implore avec instance pour lui et pour moi, par les mérites de Notre Seigneur Jésus-Christ, l'intercession de sa

Mère immaculée, et par votre médiation si efficace et si puissante, ô glorieuse sainte Anne.

Prière d'une mère pour ses enfants.

O glorieuse sainte Anne, *patronne des familles chrétiennes*, je vous présente mes enfants. Je sais que je les ai reçus de Dieu et qu'ils lui appartiennent : aussi je vous prie de m'obtenir la grâce de me soumettre toujours avec eux à la divine Providence. Daignez les bénir, et, en vous suppliant de leur obtenir la bénédiction de Dieu, je ne demande en leur faveur ni les honneurs du monde ni les biens de la terre ; ma prière sera plus chrétienne et plus agréable à vos yeux, si je demande avant tout le royaume de Dieu et sa justice : je vous abandonne, à vous, ô bonne mère, le soin de nous pourvoir de ce qui nous est nécessaire à la vie et convenable à notre état. Imprimez dans le cœur de mes enfants une grande horreur du péché ; éloignez-les du mal ; préservez-les de la corruption du monde ; qu'ils soient toujours animés de sentiments chrétiens ; accordez-leur la simplicité et la droiture du cœur ; apprenez-leur à aimer Dieu uniquement comme vous l'avez appris, dès ses plus tendres années, à votre Fille immaculée la Bienheureuse Vierge Marie. O sainte Anne, vous êtes le *miroir de la patience*, obtenez-moi la grâce de supporter avec patience et amour toutes les difficultés inséparables de l'éducation des enfants. Bénissez-nous, mes enfants et moi ; veillez sur nous, ô bonne Mère, faites que nous vous aimions toujours avec Jésus et Marie, que nous vivions conformément à l'esprit de Dieu, afin qu'après cette vie nous ayons le bonheur de vous être unis pour toute l'éternité. Ainsi soit-il.

Prière à Saint Joachim.

O grand et glorieux saint Joachim, combien je me réjouis de penser que vous avez été choisi entre tous les saints pour coopérer aux divins mystères, et enrichir le monde de la très auguste et très Sainte Vierge Marie, Mère de Dieu. Par ce privilège insigne, vous êtes devenu très puissant auprès de la Mère et du Fils, et il n'est point de grâces si grandes que vous ne puissiez en obtenir. C'est donc avec confiance que je recours à votre très puissante protection, et que je vous recommande tous mes besoins et ceux de ma famille, tant spirituels que temporels, et spécialement la grâce particulière que je désire, et que j'attends de votre paternelle intercession. Et puisque vous avez été un parfait modèle de vie intérieure, obtenez-moi le recueillement intérieur et le détachement de tous les biens passagers de ce monde, avec un amour vif et persévérant pour Jésus et Marie. Obtenez-moi aussi une dévotion et une obéissance sincère à la sainte Eglise, et au Souverain Pontife qui la gouverne, afin que je vive et meure dans la foi, l'espérance et la charité parfaites, en invoquant les très saints noms de Jésus et de Marie, et que je sois sauvé. Ainsi soit-il.

3 *Pater, Ave, Gloria.*

(300 j. d'indulg. Léon XIII, 20 Mars 1886.)

Permis d'imprimer :

Cahors, 1ᵉʳ Novembre 1896.

† ÉMILE-CHRISTOPHE,
Évêque de Cahors.

Abbeville, imp. C. Paillart, éditeur des Brochures illustrées de Propagande catholique.

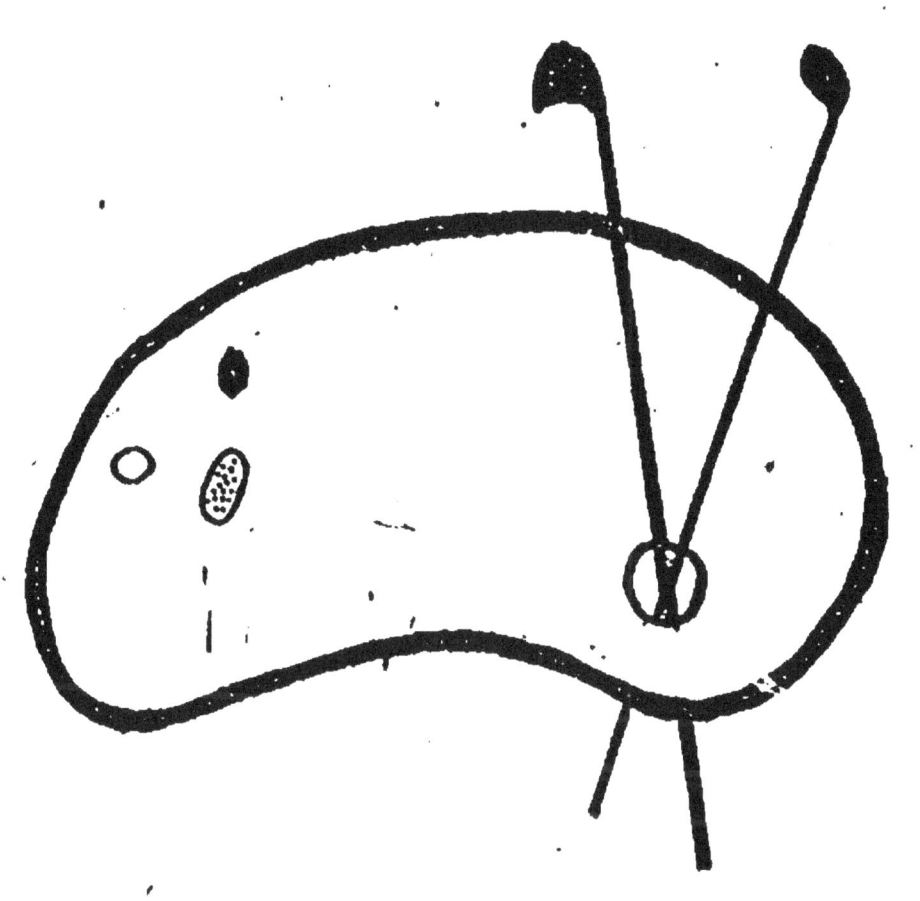

ORIGINAL EN COULEUR
NF Z 43-120-8

www.ingramcontent.com/pod-product-compliance
Lightning Source LLC
Chambersburg PA
CBHW060452050426
42451CB00014B/3275